Leinwandpoesie

Glücksmomente

Alex C. Weiss

A. C. Weiss

Leinwandpoesie

Für alle poetischen Seelen, die schöne Worte

zu schätzen wissen.

Impressum

Bibliografische Information der Deutschen National-bibliothek: Die Deutsche Nationalbibliothek ver-zeichnet diese Publikation in der Deutschen Natio-nalbibliografie; detaillierte bibliografische Daten sind im Internet über dnb.dnb.de abrufbar.

© 2022 Alex C. Weiss
Herstellung und Verlag: BoD – Books on Demand, Norderstedt
ISBN: 9783756276622

Des Nachts

Des Nachts, wenn keiner bei mir liegt,
wenn zu dir jeder Gedanke fliegt,
hilflos in mir die Sehnsucht weint,
wär ich mir dir so gern vereint.

Und wenn die Träume mich umfangen,
Gedanken um die Liebe bangen,
wenn jede Zelle zu dir will,
nur bei dir sein, geborgen still,
dann lass ich mich vom Schlaf umhüllen
und dich nun meine Träume füllen.

Achtsam

Achtsam sein, Schritt für Schritt.
Nimm jede Bewegung behutsam mit.
Der Atem beruhigt sich, der Herzschlag sacht,
ich konzentriere mich auf jetzt mit aller Macht.

Die Gedanken versiegen, ich bin wieder hier,
finde immer mehr zu mir.
Sehe Schönheit in den kleinsten Dingen,
kann aufhören mit mir selber zu ringen.

Betrachte die kleinen Wassertropfen,
die nach und nach von einem Grashalm tropfen.
Sanft bewegt der Wind ein Blatt,
die Oberfläche rot und glatt.

Ein Eichhörnchen klettert flink auf einen Baum,
die kleinen Freuden im Leben sind doch ein Traum.

Allein

Lass mich heut allein,
lass mich Mal in Ruh.
Lass mich heute einfach sein,
sonst drückt mich der Schuh.

Lass mir meine Einsamkeit,
sie tut heut so gut.
Pfleg mit mir selbst die Zweisamkeit
und schöpfe daraus Mut.

Manchmal brauche ich nur mich,
habe keinen Sinn für dich.
Bin nur ich allein.
Muss heute mal alleine sein.

Daheim

Aus der Ferne seh ich schon,

all die wunderbaren Felsen,

Zacken, Hügel, steinerner Thron,

seh in mir die Sehnsucht schmelzen.

Ich seh die Berge und fühl mich daheim,

aus der Ferne komme ich,

wird wohl für immer nun so sein,

Die Felstürme begleiten mich.

Der Glanz der Sterne

Wenn die Dunkelheit die Erde überzieht,
wenn man die Hand nicht vor den Augen sieht,
dann muss man sich hoch zum Himmel erheben,
dann muss man den Glanz der Sterne erleben.

Du und ich

Du und ich gemeinsam, das ist wunderlich.
Da gibt es ganz viel du und auch so viel ich.
Wir müssen nicht nur wir sein, wir bleiben wer wir
sind.
Und gehen doch zusammen durch Sonne, Regen,
Wind.

Am See

Er gleitet übers Wasser so still,
dass ich mich gar nicht bewegen will.
Ich sehe ihm zu, ganz leise
und er zieht auf dem See seine Kreise.

Hat er wohl auch so viele Sorgen wie ich an man-
chem Tag,
hat er andre Schwäne, die er gerne mag?
Ist er manchmal traurig? Kocht in ihm die Wut?
Schmeckt ihm manches gar nicht oder supergut?

Lebt er denn dort gerne draußen auf dem See,
frag ich mich immer wieder, wenn ich ihn dort seh.

Auf heute folgt doch morgen

Mach dir keine Sorgen,
denk nicht immer nach.
Auf heute folgt doch morgen,
und Freude tausendfach.

Lass doch die Sonne scheinen,
auf deine Augen matt,
muss deine Seele weinen,
sieh doch die Farben satt.

Lenk den Blick auf gute Seiten,
sieh nicht nur Dunkel,
das wird deine Seele weiten,
lässt dein Herz funkeln.

Auf leisen Sohlen

Auf leisen Sohlen schleichst du durchs Leben,
es gibt so viele, die lauter sind als du.
Auch die leisen Töne haben viel zu geben,
die Kraft in dir kommt aus der Ruh.

So wunderbar sanftmütig und liebevoll,
kein Lärm dieser Welt kommt gegen dich an.
Du bist voller Güte, dir fehlt jeder Groll,
das ist etwas, was nicht jeder kann.

Ein Blick

Ein Blick, ein Moment nur eine Sekunde
Und doch für ewig unvergessen.
Es war der Beginn unsres Bundes,
ein Zeichen, ein Versprechen.

Nur ein winziger Augenblick
Nur ein ganz kleines Klick,
schon war es beschlossen,
schon haben wir es begossen.

Jahre ist es nun schon her,
sicher weiß ich es nicht mehr
welcher Tag es genau war,
nur der Blick, den seh ich klar.

Wie eine Fotografie genau vor mir,
erst noch ich und dann schon wir.
Ein einziger Moment verändert das Leben.
Ein kleiner Blick kann so vieles geben

Aufbruch

Der Dornröschenschlaf ist vorbei,
erneuert nun dein Geiste sei.
Die Ruhe hat dir gut getan,
nun fliegst du los als stolzer Schwan.

Das graue Gefieder abgelegt,
die neuen Flügel schön gepflegt.
Die Kraft hast du gesammelt schon,
nun erhältst du deinen Lohn.

Du fliegst davon in neue Lande,
frisch geputzt im Festgewande.
Die Zeit zum Aufbruch die ist nun.
o vieles bleibt dir noch zu tun.

Energie durchströmt dein Herz,
vergessen sei nun Leid und Schmerz.
Brich auf und fliege frei durchs Leben,
gib alles was du hast zu geben.

Aufrecht gehen

Ich weiß, das Leben war nicht nett zu dir,
es hat dich oft geschlagen und getreten,
Du kannst nicht mehr, dass sagst du mir,
hast sogar aufgehört zu beten.
Ich kann dich verstehen,
war schon so oft am Boden,
konnte nicht mehr gehen,
gestorben in inneren Toden.
Doch du musst weiter aufrecht gehen,
trotz aller erdrückender Sorgen,
Ja du musst weiter grade stehen,
auf heute folgt doch morgen.
Du wirst es schaffen, das weiß ich genau,
du hast die Kraft und auch das Herz,
du bist menschlich und superschlau,
Du besiegst all deinen Schmerz.
Schau in den Spiegel! Du bist wunderbar.
Du bist genau richtig, so wie du bist.
Sieh genau hin, dann siehst du es klar.
Lieg nicht mit dir Selbst im Zwist.

Beginn

Neues zu beginnen,
Altem zu entrinnen,
Aufregung und Neugierde
Wissensdurst und Begierde.
Ein Traum, wenn vor Freude man nicht schlafen
kann,
und am neuen Morgen dann
alles neu beginnt.

Einerlei

Wo die Liebe hinfällt, ist doch ganz egal.
Nur unerwidert ist sie eine Qual.

Wo die Liebe hinfällt, ist doch einerlei,
solang ein jeder glücklich sei.

Beruhige dich

Ruhig werden,
Atmen, ein, aus.
Den Blick lenken,
geradeaus.

Still, still, alles wird gut,
Wehr dich gegen die Flut
der tausend Eindrücke und
konzentriert dich nur auf einen.

Ein, aus, ein, aus, Schritt für Schritt,
Blick für Blick.

Bunte Farben

Wie die bunten Farben doch mein Herz erleuch-
ten,
wie sie fließen und dabei meinen Geist befrein.
Kann mich in ihnen verlieren,
kann ganz ich selbst sein.
Muss nichts perfekt sein, kann alles bleiben, wie es
will,
Nur beim Malen wird es in mir still.
Denke nichts andres, als blau und grün und rot
vergessen ist nun jede Not.
Der wilde Gedankenstrudel legt sich,
nur noch Energie.
der Pinsel bewegt sich,
schnell wie nie.
Hier noch ein Strich, da noch ein Punkt,
nur noch einmal in die Farbe getunkt.
Die Zeit verstreicht schon wieder Nacht?
Ach, wie beim Malen mein Herz doch lacht.
Für heute mach ich lieber Schluss,
bi n doch grade so im Fluss.
Morgen ist auch noch ein Tag,
zu malen, wie ichs gerne mag.

Danke

Danke Leben,
für so vieles.
So viel gegeben,
trotz des Spieles.

Das Spiel des Lebens,
ich spiel es gern,
Ist nicht vergebens,
ein heller Stern.

Wie wunderbar,
all die kleinen Dinge,
Wie sonderbar,
all die Jahresringe.

Das Leben feier ich,
ich liebe es sehr.
Und darum frag ich dich,
liebst du es noch mehr?

Frei

Lass mich frei, lass mich leben,

musst ja gar kein Urteil geben.

Sieh mich einfach wie ich bin,

gib dich meiner Freiheit hin.

Gefühlsleichtsinn

Leichtigkeit befällt mein Sein,

lass es gern geschehen.

Alle Sorgen werden klein,

lass sie vom Wind verwehen.

Ich frag nicht viel,

will gar nichts wissen,

hab auch kein Ziel,

kein schlechtes Gewissen.

Leichtsinn treibt mich zu dir,

lässt mich nur genießen,

bin nur im jetzt und hier,

muss ja gar nichts wissen.

Der Augenblick

Ich sehe wieder Farben, alles ist so bunt,
gestern war mein Herz noch verletzt und wund.
Heute ist es leicht, fliegt schon fast davon.
Vielleicht ist dies des Loslassens Lohn.
Ich fühl mich heut so gut,
bin voll des Glücks.
Spür weder Hass noch Wut,
nur den Zauber des Augenblicks.
Bin frei und unabhängig,
leb so wie ich gern will.
Bin einfach nur durchgängig,
mal laut und auch mal still.
Einfach nur ich, einfach nur sein,
fühl mich nicht groß und auch nicht klein.
Bin nicht wichtig und auch nicht egal,
ich hab im Leben eine Wahl.
Lasst uns genießen die Leichtigkeit des Seins,
vielleicht findest du ja heute auch deins,
dein Glück für einen Moment, nur im Jetzt und
Hier
und nur dich selbst in all dem wir.

Freunde

Fröhliches Geschnatterer in kleiner Runde,
Insiderwitze in aller Munde.
Wie schön ist es bei vertrauten Personen zu sein,
in einer Gruppe, bekannt und klein.
Wo man einfach man selbst sein kann,
auch mal seltsam dann und wann.
Menschen die einander zugetan sind,
scherzen miteinander wie ein unschuldig Kind.
Fröhliches Gelächter und strahlende Augen,
dass ich euch hab kann ich kaum glauben.

Hummeln im Bauch

Es sind keine Schmetterlinge,
die sanft in mir fliegen,
keine zarten Dinge,
die kaum etwas wiegen.
Es sind Hummeln,
die laut in mir brummen,
die in mir grummeln
und so laut summen.
Kann kaum mein eigenes Wort verstehen,
kann kaum noch meines Weges gehen.
Die Aufregung in mir ist so groß.
Was ist denn nur mit mir los?
Es sind Hummeln in meinem Bauch,
Hör nur ich das oder hört ihr das auch?

Im Gras

Im Gras sitzen wir unterm grünen Baum,
ist gar wohlig anzuschauen.
Meine Finger spielen mit den Halmen,
nur ganz sanft, nicht zum Zermalmen.

Bin nervös, ich seh zu Dir,
warum bist du mit mir hier?
Was willst du wohl sagen?
Es rumort in meinem Magen.

Welche Worte werden es sein?
Voller Liebe oder hart und gemein?
Muss ich mich fürchten oder freuen?
Werd ich stolz sein oder bereuen?

Was auch kommt, ich hab ja mich,
kann mit dir oder ohne dich.
Wir sitzen im Gras und bald werd ich wissen,
lieg ich heute Abend allein auf dem Kissen?

In den Wolken

Und wenn dein Herz in den Wolken schwebt,
wenn dein ganzer Körper bebt,
wenn zwei Seelen miteinander vibrieren,
Lebensweisen harmonieren,
wenn jeder Gedanke sich mit ihm verbindet,
er nie ganz aus deinem Geist verschwindet,
wenn keiner sich für den andren verbiegt,
dann mein Schatz bist du verliebt.

Mein Kind

Ich schütze dich mein Kind, so gut ich kann.
Bin für dich da, bis ich gehe irgendwann.
Ich liebe dich mit jeder Faser meines Seins
Mein Herz gehört dir, ist ganz und gar deins.
Eine solche Liebe hab ich nie gekannt,
bis ich spürte deine kleine Hand.
Danke für jede Sekunde mein Sohn,
dein Lächeln deine Liebe sind mein Lohn.

Der Weg

Du rennst wie ein Irrer,
hetzt dich ab.
Du wirst immer wirrer,
setzt dich herab.

Immer nur weiter,
du hältst niemals an.
hoch auf die Leiter,
bist ein ganzer Mann.

Doch du verstehst nicht,
der Weg ist das Ziel.
Du hast keine Pflicht,
du gibst viel zu viel.

Lass dir etwas Zeit,
halte auch mal still.
Der Weg ist noch weit,
wenn man durchhalten will.

Die Schlange

Ein Schritt nach dem andern, der Weg ist noch
weit.
Nach Hause zu gehn bin ich noch nicht bereit.
Ich will in den Wald, zum kleinen Teich,
mal sehen, wann ich ihn erreich.
Da plötzlich, ein leiser Ton,
ein Rascheln und da seh ich sie schon.
Sie ist so schön, schimmert im Licht,
sie hält inne, bewegt sich nicht.
Grün und gold liegt sie dort
eine Bewegung und sie ist fort.
Ach war das schön, sie kurz zu sehn,
wie schnell muss der Moment vergehn.

Die Suche nach dem Glück

Wir alle suchen nach dem einen,
dem großen Glück in unsrem Leben,
keiner ist mit sich selbst im reinen,
keiner bereit zu viel zu geben.

Wir alle wollen nur das eine,
nur glücklich sein und friedlich leben,
doch Glück findet man selten alleine,
kann man sich nicht ins Album kleben.

So vieles stört doch hier und dort,
bringt uns aus dem Gleichgewicht,
ein falscher Blick, ein böses Wort,
ob so gemeint oder auch nicht.

Das große Glück, das gibt es nicht,
nur im kleinen Augenblick ist es zu finden,
im Sonnenschein, im Kerzenlicht,
zu viel davon lässt uns erblinden

Zweisam

Der Abend naht, es wird schon kühl.
Gerade war es noch so schwül.
Wir wollen noch spazieren gehen,
noch einmal in die Ferne sehen.
Genießen wir die Zeit,
in trauter Zweisamkeit.

Neonlicht

Im Neonlicht stehst du vor mir,
Atemlos verweilen wir.
Gerade noch im Rausch der Nacht
mit dir den letzten Tanz verbracht.
Nun wird es ruhig, der Morgen graut,
zu sprechen sich doch keiner traut.
So stehen wir hier und bleiben still,
weil keiner den Moment vertreiben will.

Du bist wunderbar

Du bist wunderbar in all deinen Facetten,
brauchst keinen Schmuck und keine goldnen Ket-
ten.
Brauchst keinen, der dir Regeln auferlegt,
und dich in einen engen Kerker legt.

Du darfst frei sein und für dich selbst entscheiden,
lass dir von andren nichts ankreiden.
Hör auf dein Herz, geh deinen eignen Weg,
such dir im Moor des Lebens deinen festen Steg.

Schönheit

Lenk den Blick, sieh dich um,
so viel Schönheit um dich herum,
bunte Farben, sanfte Formen,
außerhalb der üblichen Normen.

Genieß die Welt, genieß das Leben.
Du musst nicht immer alles geben.
Es geht nur darum hier zu sein,
zu Leben, darum geht es allein.

Vielleicht auch etwas Gutes zu hinterlassen,
nicht allzu viel Bosheit anzufassen.
Etwas Liebe und Glück lassen wir zurück
in jedem schönen Augenblick.

Farbe

Bring Farbe in dein Leben,
es muss nicht außen sein,
doch innen musst du pflegen,
innen muss farbig sein.

Viel Rot und auch mal blau,
Orange ist schön, schau schau.
und Glitzer noch dazu,
genau das brauchst auch du.

Trotzdem Liebe (oder gerade deshalb?)

Ich liebe dich, auch wenn du schlechte Witze
machst.
Ich liebe dich, auch wenn du über meine Schwä-
chen lachst.
Ich liebe dich, trotz deiner Taktlosigkeit,
Ich liebe dich und manche Geschmacklosigkeit.

Du liebst mich, obwohl ich oft zu ernst dir bin.
Du liebst mich, trotz übertriebenem Gerechtig-
keitssinn.
Du liebst mich, auch wenn ich zehn Mal dasselbe
erzähl,
Du liebst mich, auch wenn ich dich mit langweili-
gen Geschichten quäl.

So lang schon teilen wir uns die Zeit,
in wechselhafter Gelassenheit.
Wir sind nicht perfekt, doch stehen zueinander,
und leben nicht neben, sondern miteinander.

Feuer und Flamme

Tausend Gedanken, tausend Ideen,
so viel zu tun, will alles vor mir sehn,
die Bilder gemalt und die Worte geschrieben,
bin von Kreativität getrieben.
Die Worte sie fliegen aufs Papier,
voller Feuer und voller Gier,
nach dem geschriebenen Wort,
nach Farben und einem Ort
voller Fantasie, der nur in mir besteht,
bin Feuer und Flamme, wenn auch ihr ihn seht.

Fliegen

Möchte fliegen,
schwerelos.
Angst besiegen,
lass jetzt los.

Möchte Freiheit
in meinem Kopf
die Kraft verleiht
gedanklichen Honigtopf.

All den Ballast
fallen lassen,
Wolkenpalast
Herz fassen.

Ich flieg los,
lass mich frei
zweifellos
Zauberei

Frei

Ich will frei sein, ich will fliegen,
ich will sein so wie ich bin.
Lass die Grenzen links liegen,
sonst ergibt es keinen Sinn.
Offenheit zerstört die Tür,
die mir das Wissen verwehrt.
Lernen kann ich dann dafür,
auch wenn Wissen manches erschwert.

Wenn alle Blumen schlafen

Wenn alle Blumen schlafen,
wenn jedes Kind im Traum versinkt,
bist du mein sicher Hafen,
damit mein Herz nicht stumm ertrinkt.

Wenn Finsternis die Welt verhüllt,
willst du mein Licht mir sein.
der mit mir meine Reserven füllt,
im warmen Kerzenschein.

Frühlingserwachen

Und wieder trösten mich der Sonne strahlen,
erwecken mich aus finstrem Traum.
Erlösen auch die Bäume, die kahlen,
von ihrem kaltem Winterflaum.

Schon strecken sich die ersten Blüten,
dem Himmelblau entgegen,
schon müssen sich die Tiere hüten,
auf allen Wanderwegen.

Frühlingsluft

Schon liegt Frühling in der Luft,
lockt uns der süße Blütenduft.
Die Sonne scheint, das Herz taut auf,
hinaus in die Natur ich lauf.

Gesumme erfüllt Busch und Baum,
Farben sprießen wie im Traum.
Die hellen Stunden trösten sehr,
die Dunkelheit hält uns nicht mehr.

Losgelöst sing ich ein Liedchen,
summ gemeinsam mit den Bienchen.
Endlich ist es nun so weit,
Frühling ist zum Tanz bereit.

Für mich

Die Welt steht still, es ist ganz leise,
ich feier es auf meine Weise.

Musik bleibt aus,
das Ohr ruht aus

Ich lass das Badewasser ein,
etwas Wärme muss nun sein
genieße nur für mich,
vergesse dabei dich

und alle andren auch.
Das mach ich jetzt zum Brauch.
öfter nur für mich zu leben,
mir selbst all meine Liebe geben.

Dann sing ich morgen wieder
für andre meine Lieder.

Grün

Nur einen Schritt ins Grün,
schon wird gedämpft der Lärm der Stadt.
Du fühlst dich noch ganz matt,
vom Getaumel zwischen den Maschinen.
Atme ein, atme aus.
Sieh das frische Grün, das satte Sonnenlicht sanft
gemildert vom Blätterregen.
Leg dich nieder auf weichem Moos, schließ die Augen und hör das Lied des Waldes

Herbstfarben

Die Sonne scheint, das Herz es lacht,
der Herbst kommt nun mit aller Macht.
Schon reifen die Trauben, der Apfel er fällt,
in bunten Farben erstrahlt nun die Welt.

Herbstfarben 2

Schon mischen sie Farben unter das saftige Grün,

kann die ersten Blätter fliegen sehn,

kühle Winde durchbrechen die Hitze,

erzeugen Geräusche in Fenster und Ritze.

Die Ahnung der kühleren Zeit streift mich schon,

Freu mich auf die herbstliche Explosion.

Die Farben werden stärker von Tag zu Tag,

das ist es, was ich so gerne mag.

Herbsttag

Noch ist alles grün, der Sommer liegt in seinen
letzten Atemzügen,
doch schon liegt Herbstwind in der Luft.
Nun wird es Zeit, sich etwas wärmer anzuziehen,
nicht lange, dann lockt der Blätter Duft.
Schon färben sich der Bäume Spitzen,
schon jault der Wind in Bretterritzen.

Dann leuchten die Bäume im Sonnenschein,
dann wird es wieder kühler sein.
Die Sommerhitze ist vergangen.
Der Herbst hat endlich angefangen.

Herbstgaben

Schon leuchten wieder die Herbstlichen Farben,
die Sonne lässt sie erstrahlen.
Früchte so rot, gelbe Getreidegarben,
werden geerntet und zermahlen.

Im Überfluss schenkt Mutter Erde ihre Gaben,
lasst sie uns genießen.
Lasst uns an Früchten und Farben nun laben,
Freude und Liebe in uns sprießen.

Herbstluft

Frühling und Sommer sind vergangen,
der Herbst hat nun schon angefangen.
Die Luft wird kühl, das Licht wird matt,
so manch einer liegt jetzt schon platt.

Geliebt wird meist der Sommer mehr,
er bietet Sonne, Strand und Meer,
doch auch der Herbst hat schöne Seiten,
will zu Gemütlichkeit verleiten.

Schon prasselt im Kamin das Feuer,
schon ist uns Tee und Decke teuer.
Ein schöner Film, gemütliche Kissen,
wer will da noch was vom Sommer wissen?

Hoffnung

Und trotz alledem geb ich die Hoffnung nicht auf,
die Menschheit ist doch nicht von Grund auf
schlecht.
Ich weiß, man sieht negatives zuhauf,
doch manche sind im Herzen echt.
Manche sind wirklich gut,
wollen wissen wies dir geht,
manche sind doch voller Mut,
kämpfen auch wenn es schlecht steht.
Es gibt so wundervolle Leute,
gütig, mild und hilfsbereit,
nicht nur diese wilde Meute,
die nur nach der Macht entgegen schreit.
In mir schlummert doch die Hoffnung,
dass alles einmal besser wird,
ich bin nun mal der Meinung,
dass die Hoffnung niemals stirbt.

Horizont

Der Horizont ist weit entfernt,
das Wasser trennt Welten,
Grenzen wurden schnell gelernt,
schon bei den alten Kelten.
Doch nur im Kopf gibt es sie wirklich,
echte Grenzen sind nur ein Strich,
den irgendwer auf die Karte einst zog,
der damit uns alle betrog.
Drum reiß die inneren Grenzen ein
und seh über den Horizont hinaus,
Freiheit und Glück wird Lohn dir sein
und Freude und Liebe zuhauf.

Ich allein

Ich allein entscheide
Wie ich bin oder auch nicht,
ob ich lache oder leide,
ob ich erfülle jede Pflicht.

Ich darf leben, wie ich will,
du hast dazu nichts zu sagen,
ob laut oder auch still,
ein Urteil hast du nicht zu wagen.

Lass mich sein, so wie ich bin,
oder bleib mir einfach fern,
Lügen sind doch kein Gewinn,
Ehrlichkeit die hab ich gern.

Ich bin ich

Das gefällt dir nicht.
Du willst mich anders haben,
willst meine Schwächen abschaben.
Doch ich will sie behalten,
will sie für mich verwalten,
will selbst entscheiden,
kann mich gut leiden.
Du willst mich verbiegen,
willst Dinge die mir nicht liegen,
erwartest Änderungen,
und Charakterkürzungen.
Doch ich mach nicht mit,
halte nicht mit dir Schritt.
Tu einfach was ich will
Und bin dabei nicht still.
Wenn dir das nicht gefällt,
geh hinaus in die Welt
und such dir andre Leute,
such dir doch leichtere Beute.
Verbieg doch erst mal dich,
vielleicht charakterlich.

In die Berge

In endloser Ferne Stein auf Stein,
ich selbst bin so winzig, winzig und klein.

Die Gipfel verblassen, der letzte im Schnee,
und ich verblasse mit, wenn ich sie seh.

Majestätisch und uralt, so liegen sie da,
so wie es gestern und vorgestern war.

Ist alles gut?

Läuft alles rund?
Oder läufst du im Kreis?
Fällst du auf den Mund?
Bist du der, der alles weiß?

Ist alles gut?
Oder geht alles schief?
Brauchst du noch Mut?
Oder lebst du im Mief?

Bist du ein Mann?
Oder doch eine Frau?
Einer der alles kann?
Weißt du's nicht so genau?

Find es heraus.
Hast ja noch Zeit.
Bald, bald, bist du soweit.

Jahrmarkt

Bunte Lichter locken schon,
freche Sprüche und Musik.
Das ist die reinste Spaßfabrik,
Rückzug keine Option.

Schieß dir doch eine Rose,
fahr noch mal Autoscooter,
hier brauchst du keinen Router,
wirf Bälle auf die Dose.

Es gibt auch viel zu speisen,
und wahrhaft gutes Bier,
anstoßen wollen wir,
bei diesen tollen Preisen.

Die Geldbörse ist leer,
während sich alle um dich drehen,
hast alles du gesehen,
nun gibt es hier nichts mehr.

Keine Angst

Keine Angst, du kannst es wagen,
was soll schon geschehen?
Ich weiß, du kannst die Bürde tragen,
kannst all die Lasten sehen.

Keine Angst, geh ruhig hinaus,
in die weite Welt,
bleib nicht mehr im Schneckenhaus,
mach was dir gefällt.

Keine Angst, du kannst dich zeigen,
wie du wirklich bist,
tanz des Lebens wilden Reigen,
bevor der Tod dich frisst.

Kunst

In den Wolken steckt mein Kopf,
voller Flausen.
Werft mich halt in einen Topf,
sinnlos für Kunstbanausen.
Ich mische Farben und Worte,
wie es mir gefällt.
Bin halt von der Sorte,
Idealistenwelt.
Brotlose Kunst,
um der Kunst willen,
Wolkenkopfdunst,
kann nur das eine stillen.
Muss mich betätigen,
muss etwas tun.
Jeder kann bestätigen,
dass meine Gedanken nicht ruhn.
Beim Malen und beim Schreiben
Kann ich sie in Bahnen lenken,
kann sie in Richtungen treiben
und ihnen Ruhe schenken.

Lass los

Lass los all den alten Ballast,
all das was gestern war.
Bau dir aus der Vergangenheit keinen Palast,
Lass vergehen, was vergangen war.

Kümmere dich nicht um die alten Dämonen,
sie sind schon lange faltig und grau.
Lass sie nicht länger in dir wohnen,
Lass sie ziehen, sei schlau.

Du brauchst sie nicht,
Lass sie gehen.
Sie verstellen dir das Licht,
lass sie vom Wind verwehen.

Laternenreigen

Wieder sieht man die glänzenden Lichter,
in Dunkelheit durchs Lande ziehn.
Wird Kälte und Nebel auch immer dichter,
wollen wir ja doch nicht fliehn.

Wir holen die Lampen aus der Ecke,
wir polieren die Laternen auf.
Wir hängen Girlanden an Wände und Decke,
nehmen die Dunkelheit nicht in Kauf.

Lasst die Laternen den Reigen nun tanzen,
lasst all die Lichter das Herz erwärmen.
Soll es Wärme in uns nun pflanzen,
wir wollen nicht im Herbstgrau verhärmen.

Lebenslust

Ich liebe das Leben, das ist einfach so,
an allen Tagen, ob traurig oder froh
Ich genieße es in allen Facetten,
will mich vor Gefühlen nicht retten,
will alles spüren, ob Glück oder Wut,
jedes Gefühl ist zu etwas gut
und je tiefer ich fühle desto mehr ist mir klar,
ich bin noch am Leben, ich bin immer noch da.

Die Libelle

Am Ufer sitze ich still,
kein Mensch weit und breit.
So wie ich es will,
die Welt ist leis und weit.
Das Wasser ist glatt,
spiegelt den Wald.
Das Licht sanft und matt,
da, eine kleine Lichtgestallt.
Winzig wie eine Fee,
fliegt sie übern See.
Ein Surren ein Blitzen im Licht,
was es ist erkenn ich nicht.
Ich seh genauer hin,
winzige Flügel tragen sie
Des Wassers Botin,
Libelle nennen wir sie.
So zart und fein,
wie kann es sowas geben?
Winzig und rein,
 Zerbrechliches Leben.

Mein Kind

Für immer schenk ich dir mein Herz,
eine Liebe, die nie vergeht.
Seh all deine Träume, seh deinen Schmerz,
ruf den Wind, der ihn verweht.

Will immer an deiner Seite stehen,
du bist mein großes Glück,
doch wenn du willst lass ich dich gehen,
vielleicht kommst du zurück.

Musik

Musik ist pure Magie,
verzaubert dich, kaum hörst du sie.
Tröstet, belebt, lässt dich fliegen,
lässt die schönen Gedanken siegen.
Weckt jede erwünschte Emotion in dir
oder wenn du es willst auch ein Gefühl von "wir".
Vielen Dank an all die Musiker der Welt,
ihr gebt uns so viel das uns gefällt.
Ihr helft uns in der dunkelsten Stunde
und seid tagtäglich in aller Munde.

Regenduft

Der Regen liegt schon in der Luft,
sein feuchter warmer Regenduft.
Ich warte bis die Nässe kommt,
seh auf die Wolken am Horizont.

Dort hinten ist schon alles nass,
Dächer, Autos, Straßen, Gras.
Den Regen lieben nicht nur die Pflanzen,
mich lässt er in den Pfützen tanzen.

Offenheit

Lass uns wandeln durch die Welt,
lass uns sehen, was uns gefällt.
Unsre Augen offen,
unsre Herzen hoffen.

Morgenlicht

Der Morgen überzieht das Land.
Luft, Wasser, Erde, Sand,
sind von Nebel nun benetzt,
Tau sich auf jeden Grashalm setzt.

Das blasse Rot ersetzt die Nacht,
ein jeder Vogel nun erwacht
und singt ein Lied dem Morgenlicht,
viel schöner noch als ein Gedicht.

Morgentau

Der Morgen sonnt die Halme in weichen Strahlen,
webt frisches Taugespinnst auf jedes Blatt.
Nur mein grauer Geist bleibt unbeschienen,
bleibt unbestäubt, trocken und matt.
Die Frische eines Morgenregens tät mir gut,
gäb neue Kraft der alten Seele.
Versuchs mit einem Schluck klaren Wassers,
das kalt hinunterrinnt, die spröde Kehle.

Planetenzauber

So unglaublich, so zauberhaft schön,

kann man sie oben am Himmel sehen.

Wie sie entstanden ist kaum zu verstehen.

Wundervoll leuchtend, die runden Gebilde,

bewunder sie oft in tiefster Nacht,

ihre Schönheit birgt große Macht.

Doch liegt ihr Glanz schon lang zurück,

all das Licht ist schon vergangen,

unser Blick nur nachgehangen.

Silberstreif

Ein Silberstreif am Horizont,

das Spiegelbild der Morgensonne,

dem Auge ist es eine Wonne,

ein Tautropfen sich in ihr sonnt.

Salz in der Luft

Der Blick in die endlose Ferne gerichtet,
die Hand schützt die Augen vor zu viel Licht.
Hab einige Möwen gesichtet.
Spür die salzige Luft im Gesicht.

Der Sand weich unter mir,
Der Himmel unendlich weit.
Es ist so herrlich hier,
bliebe doch nur mehr Zeit.

Seele baumeln lassen

Ich lass die Seele baumeln,
träum mich davon,
will durch Fantasien taumeln,
das ist mein Lohn.
Das Tagwerk ist vollbracht,
alles geschafft,
nun treibe ich ganz sacht
ganz ohne Kraft
ins Abenteuerland
tief in mir,
ich reich dir meine Hand
und zeig es dir.

Sein

In mir ist es still,
alles so wie es ist.
Alles so wie es will,
kein Friede kein Zwist.
Alles im Sein
Alles im Jetzt
Alles ist rein,
niemand verletzt.
Still ist es nun,
gar nichts zu tun,
bin einfach nur da.
Wunderbar.

Selbstfindung

Wie das Wasser fließen die Gedanken,
verlieren die begrenzenden Schranken
beim Blick ins tiefe Nass.

Wie die Vögel am Himmel fliegen die Ideen,
oder wie winzige geträumte Feen,
freigelassen auf des Königs Gelass.

Draußen, am besten allein,
kann man man selber sein
Die Innenwelt wird jubilieren,
wenn auch deine Füße frieren.

Selfcare

Das Wort ist nun in aller Munde,
macht auch auf Instagram die Runde.
Selfcare ist nun angesagt,
doch ich hab mich was gefragt.
Selfcare, was bedeutet das?
Brauchen wir dazu wirklich was?
Was Gekauftes? Ganz viel Konsum?
Ich glaub damit hat es eigentlich nichts zu tun.
Aber es lässt sich halt so gut vermarkten,
mit Duftkerze und Tee hast du gute Karten.
Akzeptier deine Grenzen und pass auf dich auf,
lass dem Leben auch mal seinen Lauf.
Achte dich selber, lebe gesund,
ja, dann läuft es schon etwas mehr rund.
Dazu musst du nicht tausend Sachen kaufen,
nicht in den neuesten Schuhen laufen.
Sich selbst zu mögen und auch zu pflegen
Sich selbst genauso wie andre zu hegen,
das ist es doch was wir brauchen,
ohne dem neuesten Trend nachzulaufen.

Vom kleinen Glück

Das kleine Glück tritt sparsam auf,
nimmt Nichtbeachtung gern in Kauf.
Drum achte stets auf deinen Wegen,
auch Wert auf Kleines dort zu legen.
Ein schönes Lächeln, ein freundlicher Blick,
ein liebes Wort, ein Gruß zurück.
Ein Schmetterling im Sonnenschein,
mehr muss zum Glück es gar nicht sein.

Spaziergang

Den Weg entlang, Schritt für Schritt,
die Blicke schweifen, die Gedanken schweifen mit.
Ein Vogel fliegt direkt vor mir nach davon,
ich seh ihn nur kurz, dann verschwindet er schon.

Ein grellrosabemalter Ast fällt mir auf,
ich mustere ihn, während ich weiterlauf.
Hin und wieder begegnet mir ein Gesicht,
ich nicke nur kurz, unterhalte mich nicht.

Schnüffelnd zieht ein Hund an mir vorbei,
ich bin ihm völlig einerlei.
Er mir auch, ich will nur weitergehn,
will beim Wandern in mich selber sehn.
Das Außen wird still, die Gedankenwelt klar,
komm in mir selbst an, seh mich selbst sogar.
Mit jedem Schritt ordnen sich die Gedanken,
die oft um fantastische Geschichten sich ranken.

Ein bisschen ordne ich dabei auch mich
Vielleicht ist das ein wenig wunderlich.
Doch ich denke viele Menschen gehen spazieren,
um dabei über sich selbst zu sinnieren.

Tanzen

Komm lass uns heut tanzen, spürst du die Musik?
Das ist der Rhythmus, bei dem ich Lust zum Tanzen
krieg.
Es kribbelt in den Beinen, es vibriert in meinem
Bauch,
ich muss jetzt einfach tanzen,
Spürst du das denn auch?
Ich höre auf zu denken,
fühle nur die Melodie,
so wenig wie beim Tanzen,
denke ich sonst nie.
Ich mach die Augen zu,
der Takt gibt die Bewegung vor.
Komm jetzt, tanz auch du!
Dann tanzen wir im Chor.

Tatendrang

Die Sonne strahlt, der Tag beginnt,
die Zeit mir durch die Finger rinnt.
Was fang ich an? Was kommt nun dran?
Bin voller Tatendrang

Unperfekt

Ich hab mir selbst verziehen,
all die Fehler, all die Macken.
Ohne den Selbsthass ist es leichter zu packen,
für die Reise des Lebens
darf der Rucksack nicht zu groß sein,
man schleppt vergebens,
packt man zu viel hinein.
Es war nicht immer richtig,
was ich gesagt hab und getan.
Manchen hab ich verletzt, in Trauer, Wut und
Wahn.
Das geht jedem so, niemand ist perfekt,
nicht einmal der, der den Eindruck erweckt.

Waldruhe

Streife durch den nahen Wald,

gerade noch war mir so kalt,

doch nun umfängt mich grüne Stille,

wie eine sanfte warme Hülle.

Die Welt wird still, ich komm zu mir.

Kein Mensch in Sicht, nur Baum und Tier.

Meine Gedanken sind frei,

ach wenn es doch so immer sei.

Wunder

Einst lag Dunkelheit über der Welt,

schwarzes leeres Himmelzelt.

Wer brachte die Lichter? Wer brachte die Sterne?

Wer entzündete die Himmelslaterne?

So viele Wunder, kaum zu begreifen.

Müssen uns nicht in Wissen versteifen.

Glauben oder nicht, völlig egal.

Wissen an sich auch nur banal.

All diese Wunder, nicht zu verstehen.

Müssen wir auch nicht, wir solln sie nur sehen.

Zart

So zart und doch so stark,
wie ein Hauch Magie.
Lebst fast autark,
brauchst andre nie.
Wie schaffst du das?
Wie machst du das?

Immer ein Lächeln im Gesicht,
böse Worte hört man nicht.
in dir ruhend und zufrieden,
Niemals unterzukriegen.

Ja, so will ein jeder sein.
Gütig, liebevoll und rein.

Zeig dich

Im Schlaf darfst du vergessen,
wer du warst, wer du bist.
Bei Tag bist du besessen,
stellst dir selber eine Frist.

Immer funktionieren,
immer möglichst gut.
Immer konzentrieren,
immer ohne Wut.

Das bist du nicht.
Zeig dein Gesicht.
Das musst du nicht,
hat kein Gewicht.

Spiel keine Rolle, wach doch auf.
Das muss doch nicht so sein.
Wer dich nicht mag, nimms doch in Kauf,
der trinkt halt andren Wein.

Zu viel

Zu viel erlebt an einem Tag.
Zu viel dass ich so gerne mag.
Zu viele Menschen und Gesichter,
Zu viele Autos, Straßen, Lichter.

Jetzt bin ich matt und leer.
Hab alles heut gegeben.
Zu viel ist auch zu schwer,
Vielleicht auch zu viel Leben.

Nun brauch ich Einsamkeit,
nun bleib ich Mal allein.
Zu viel Geschäftigkeit
kann anstrengend sein.

Schöpf in der Kunst nun Kraft,
allein mit mir.
dass du das auch heut schaffst,
das wünsch ich dir.

Zwei Damen

Zwei Damen allein im Abendlicht
gehen spazieren und fürchten sich nicht.

Die Worte fliegen mit dem Wind,
weil die beiden Vertraute sind.

Geheimnisse, Sehnsüchte, Träume geteilt
an schönen Orten ein bisschen verweilt.

Wie schön ist die Zeit doch mit dir.
Bleiben wir noch ein Weilchen hier.

Liebe Leser*innen,

vielen Dank für den Kauf meines Buches. Ich hoffe sehr, ich konnte damit ein paar fantastische Stunden bescheren. Wenn es gefallen hat, würde ich mich über eine Rezension besonders freuen. Rezensionen stellen gerade für Selfpublisher eine sehr wichtige Form der Unterstützung dar, daher ist es für Autoren ein besonderes Zeichen der Wertschätzung, wenn sich Leser*innen ein paar Minuten nehmen, um das Buch zu bewerten und ein paar Zeilen zu schreiben.

Liebe Grüße

Alex C. Weiss

Bücher von Alex C. Weiss

Fantasy:

o Arenlai Pan, Fantasyroman
o Wörterbuch zur alten Sprache Sirnie

Poesie:

o Leinwandpoesie - Glücksmomente
o Leinwandpoesie - Tränenmomente
o Leinwandpoesie - Wutmomente
o Leinwandpoesie - Traummomente